JN409936

산골 풍경 10

이명우 열한 번째 시집

산골풍경 10

초판인쇄 2016년 10월 25일
초판발행 2016년 11월 1일

지은이_ 이명우
발행인_ 이현자
발행처_ 도서출판 현자

등　록_ 제 2-1884호 (1994.12.26)
주　소_ 서울시 중구 수표로 50-1(을지로3가, 4층)
전　화_ (02) 2278-4239
팩　스_ (02) 2278-4286
E-mail_001hyunja@hanmail.net

값 10,000원

2016 ⓒ 이명우 Printed in KOREA

무단으로 내용의 일부를 인용하거나 복사, 발췌를 금합니다.

ISBN 978-89-94820-23-1 03810

이 도서의 국립중앙도서관 출판예정도서목록(CIP)은 서지정보유통지원시스템 홈페이지(http://seoji.nl.go.kr)와 국가자료공동목록시스템(http://www.nl.go.kr/kolisnet)에서 이용하실 수 있습니다. (CIP제어번호 : CIP2016025005)

열한 번째 시집

산골풍경 10

이 명 우

도서출판 현자

자서自序

인생이 무어냐고 생각하지 말고 살아야지
다시 돌아오지 않는 천금 같은 오늘 하루
소풍 가듯 여행 가듯 소중하게 살아야지
술이 소중한 사람
돈이 소중한 사람
출세가 소중한 사람
명예가 소중한 사람
여자가 소중한 사람
친구가 소중한 사람
사람 사람 사람들
유난히도 무더운 올여름
산으로 바다로
복지관으로 무도장으로

이렇게 소풍 가듯 여행 가듯 사는데
나는 왜 골방에서 연필을 들고
시의 숙제를 안고 머리를 흔드는가
그것은 운명인가 봐
전갈이나 방울뱀은 사막이 좋고
지렁이나 굼벵이는 습지가 좋고
바람이나 구름은 허공을 좋아하듯이
숙제를 좋아하는 것
이것이 내 운명인가 봐

차례

제1부

제2부

제3부

제4부

蘭皐先生住居遺蹟

제 1 부

시작詩作 메모

언어의 결도 모르고
그 결을 가르는 칼도 없으면서
'산골풍경' 이란 언어를
쪼개기로 작정한 지 30여 년 이지만
그 쪼개는 법을 가르쳐 주는 곳도 없고
가르쳐 줄 사람도 없는
홀로 해내야 하는 시인의 길
가면 갈수록 험하고 높아지는
여기에서 나는 점점 작아진다

산골풍경 · 681

이승의 그림을 그리고 싶어
저승에서 왔다는 화가가
죽은 그림이 아닌
살아 있는 그림을 그린다

물소리를 그려 놓고 펼쳐 놓으니
졸졸졸 물소리가 들려오고
새소리를 그려 놓고 펼쳐 놓으니
짹 짹 짹 새소리가 날아다니고
야생화를 그려 놓고 펼쳐 놓으니
방긋방긋 웃으며 향내음이 풍겨온다

이런 것이 살아 있는 그림이라고
저승에서 전시할 때 초대한다며
바람 타고 아득히
사라지는 저승 화가

산골풍경 · 682

내가 나를
요 모양으로 만들어 놓고
부모님을 원망했습니다

내가 나를
요 모양으로 만들어 놓고
세상을 원망했습니다

내가 나를
요 모양으로 만들어 놓고
운명을 원망했습니다

이제야
요 모양을 만들어 놓은
자신을 원망합니다

산골풍경 · 683

하늘에 수만 등불
별빛을 켜 놓고
바위들이 둘러 앉아
손풍금 합주를 하고 있습니다
머리 푼 나무들이 박수를 치고
흐르는 개울물이 노래를 부르고
야생화가 향기를 뿜고 있습니다
너와 나의 그리움이 여기서 만나
불이 붙어 타다가 재로 날아가는 밤
산골의 깊은 밤은
이리 아름답습니다

산골풍경 · 684

일년에 한 번
오늘은 우리 마을 축제입니다
쌍무지개가 노래를 불러요
하늘 영혼들이 뛰어 내려요
장승들이 모여들어 춤을 추어요
허수아비들이 씨름을 하고요
귀신들이 음식을 이고 모여들어요
정월 열나흘날 자정이면 열리는
우리 마을 축제입니다

귀가

산골풍경 · 685

고요한 산마을
밤이 깊으면
세상의 숨소리가 들려 옵니다
잠든 영혼의 숨소리
잠든 별들의 숨소리
잠든 구름의 숨소리
잠든 바람의 숨소리
잠든 신령의 숨소리들이
허공 가득 함박눈처럼
우리 마을에 쏟아집니다

산골풍경 · 686

봄 햇살이 뛰어노는
뒤뜰에 서서
눈감으니 떠오르는
아련한 그 눈동자
고요한 이 가슴에 날아와
상사화로 핀다

산골풍경 · 687

간밤에 핀 연꽃이
이렇게 말하네요
삶은 영원한 열일곱 살이라며
사는 동안 철부지로 까르르 웃고
죽는 날도 철부지로 까르르 웃으래요
그래서 나는 오늘
사기를 당하고도 까르르 웃었지만
죽는 날도 까르르 웃을 수 있을까요

문경새재 과거길

산골풍경 · 688

세상의 하늘에서
먹구름 몰려오고
소낙비 몰아치며
벼락이 내리치는 것을
피뢰침으로 막아내는
사람들의 지혜가 경이롭습니다

나의 하늘에
시련의 먹구름이 몰려오고
아픔의 눈물이 쏟아지며
운명의 벼락이 내려치는데도
그를 막는 피뢰침을
만들 줄 모르는 자신이 가엾습니다

산골풍경 · 689

손발이 부르트도록
닦아 놓은 내 인생의 들판에
시인의 파란 숲을 키우려 했었는데
돈이 먼저 와서 숲을 이루고요
여자가 먼저 와서 주인으로 살고요
욕심이 먼저 와서 목청을 높이고요
마약이 먼저 와서 내마음을 죽이고 있습니다
저승의 종소리는 점점 가까워 오는데
이렇게 나는 건들거리고 있습니다

산골풍경 · 690

빨갛게 빨갛게
잘 익은 저녁 노을
한 이파리 뜯어서 국을 끓인다
붉은 냄새 풍겨오는
보글 보글 끓는
냄비 뚜껑을 열다가
아- 아악 놀라 기절을 해라
진국으로 우려낸 국은 없고
반달 같은 여인 하나
생긋이 웃으며 걸어나와
포르르 하늘로 날아가니까요

산골풍경 · 691

아버님이 그러셨어요
쳐다보며 살면 가난하지만
내려다 보며 살면 부자라고요

저기를 보셔요
자가용을 가지고도
비행기가 없는 자신을 거지라 하지만

여기를 보셔요
폐지를 주우며 사는 사람이
못 줍는 사람보다 부자라며 웃습니다

산골풍경 · 692

나 혼자서 풀어야 하는
내 인생 숙제는 어렵습니다
울고 웃고
넘어지고 일어나고
아등 바등 살아온 인생길
한도 끝도 없이 이어진 줄 알았는데
저기 끝이 보이네요
요만큼만 남은 인생길
그런데도 아직 숙제를 못 풀었어요
술에 취해 바보가 될까
돈에 파묻혀 돌아 버릴까
죽음은 총알타고 날아오는데
이랠까 저랠까 숙제를 안고
엉거주춤 서 있는 자신입니다

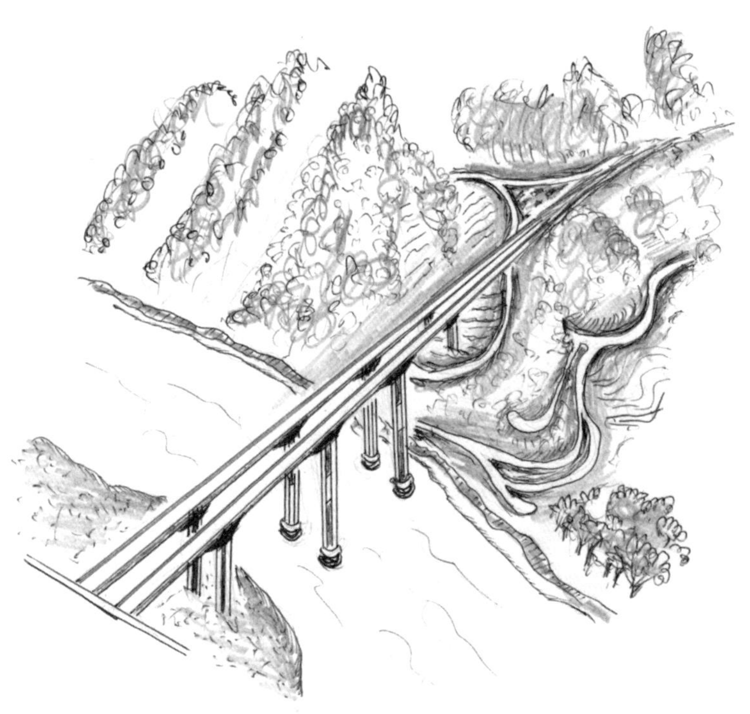

단양대교

산골풍경 · 693

저승을 흘러가는 긴 긴 강은
저승에서 시작되는 줄 알았어요
아니네요
이승에서 시작되어 흘러가네요
내 몸에도 벌써 저승 강이 흐르고 있어요
피부는 검버섯으로 죽어서 저승 강으로 흘러가고
반이나 빠진 이빨도 저승 강으로 흘러가고
손톱 발톱도 날마다 조금씩 저승 강으로 흘러가고
초롱하던 정신도 날마다 죽어서
저승 강으로 떠내려가는 걸 보면
저승 강의 발원지는 이승이네요

산골풍경 · 694

내 가슴에 살고 있던 도망간 그리움이
겨우내 보이지 않더니
임신을 해서
만삭이 된 몸으로 돌아왔어요
동네방네 다니면서
온갖 잡놈 다 만났나 봐요
서로 다른 색깔의
아홉 쌍둥이를 출산했어요
그래도 어쩌겠어요
내 호적에 올렸습니다

산골풍경 · 695

내 마음 숲길따라
오르고 돌아가면
내 영혼이 살고 있는 산장이 있습니다
산장엘 가 봅니다
왁자지껄 야단이네요
온갖 그리움과
온갖 사랑과
온갖 미움들이
모두 모두 한 식구가 되어
산장이 떠나갈 듯 야단입니다

충남 청양

산골풍경 · 696

모든 생명은
자기의 생명이
하늘보다 더 값진 거래요
날파리도 그렇고요
호랑이도 그렇고요
풀 한 포기
나무 한 그루도
자기 생명이 하늘보다 값진 거래요
나도 그렇고요
죽음이 있기에 삶이 있고
삶이 있기에 죽음이 있는 것
죽어야만 하는
이 법칙 앞에서 입술을 깨물어 보아요
깨무는 입술도 아프지 않네요

산골풍경 · 697

내 앞으로 등기 된
나의 하늘을 점검해 본다
아—
이런, 내 땅도 있었네요
지구의 일곱 곱절쯤의 별
풀 한 포기 돌 하나 없는
별 전체가 금덩어리 뿐입니다
금덩어리 별 위를 걷습니다
눈이 피곤해서 감겨지고요
금속 냄새에 숨이 막힙니다
이 몹쓸 땅
금덩어리 땅
어서어서 발길을 돌렸습니다
금덩이를 탐내는 사람은 말하세요
이 별을 드릴게요

산골풍경 · 698

지나온 인생길에 스쳐간 추억들
하얀 추억
까만 추억
파란 추억
빨간 추억
천연색 추억을 모아 탑을 쌓았습니다
구름 위에까지 올라 왔네요
스쳐온 사연이 저리도 많았나요
스스로 쳐다보며 놀랐습니다

산골풍경 · 699

빌다가 손이 닳아 뼈만 남아도
나를 위해서라면
빌어주실 분이 계셨습니다

전해줄 수 있다면
당신의 목숨까지도
내게 주실 분이 계셨습니다

이제는 그런 분이 안계십니다
고향 앞산에서 흙집을 짓고 사시는
부모님입니다

제 2 부

시작詩作 메모

보이는 산골에서
안 보이는 산골찾기
그리움의 산골
역사의 산골
영혼의 산골
저승의 산골
미래의 산골
인연의 산골
이렇게 유형체의 산골을 지나
무형체의 산골을 찾아
헤매는 지금 여기가
나의 현 위치이다

공주 공산성

산골풍경 · 700

어릴 때였어요
잔칫집에서 가져온 고기 두 점
어머니는 배 아프다며 나만 먹였습니다

내가 첫 월급 타던 날이었어요
고깃집으로 모신 어머니는
2인분 3인분을 드셨습니다

첫 제삿날이었어요
2인분 3인분을 올려드렸습니다
또 배가 아프신가요 전혀 안 드시네요

이제 알았습니다
저승 가서 첫 월급으로 고기를 사드리면
그때는 2인분 3인분을 드신다는 걸요

산골풍경 · 701

손자 녀석과 게임을 하며
알면서 져주는 나

아내와 다툼에서
잘못 없이 져주는 나

이길 수 있는 싸움에서
가엾어 보여 져주는 나

양보하는 인생이 미덕이라고
잘못 알고 살아가는 나

남들이 손가락질 하지만
저승에 가서도 그렇게 살렵니다

산골풍경 · 702

당신의 행동이 검은 것은
당신이 검어서가 아니라
당신 부모가 검어서입니다

당신의 마음이 노란 것은
당신이 노래서가 아니라
당신 부모가 노래서입니다

감나무에 감 열리고
밤나무에 밤 열리는 것처럼
사람 종자도 다르기 때문에 그렇습니다

태조 이성계의 억새 봉분 무덤

산골풍경 · 703

닥나무 껍질로 그물을 엮어
고갯길을 가로질러 막아 놓으면
오고 가던 사연들이 걸려듭니다
그 사연 하나하나 듣다가 보면
놀랄 때도 있고
감동할 때도 있고
웃을 때도 있고
기막힐 때도 있습니다
새로 만난 그 사연들을
가슴으로 다독이며 껴안습니다

산골풍경 · 704

이 고개 위에 있는 병풍 바위는
메아리들이 쉬어 가는 휴게소입니다
고개를 넘다가 힘이 들어서
메아리들이 쉬어 가는 병풍 바위에 오면
저승에서 날아오는 판결문 소리
조선시대에서 날아오는 선비들 글 읽는 소리
극락에서 날아오는 깔깔거리는 웃음소리
동서남북 소리가 모두 들립니다

산골풍경 · 705

추억의 나침판을 들고
내 걸어온 길을 되돌아 갑니다
아—
내 역사가 저랬나요
활활 타던 젊음들이
잿더미가 되어 있고
아픔과 슬픔들이
무지개에 걸려 있고
눈물과 웃음들이
빙하로 얼어 있는
굽이굽이 엇갈린 풍경이
내 역사입니다

산골풍경 · 706

내 어릴 적 고향집
첫 닭이 울면
어머니는 물동이에 물을 가득 이고 와
장독대 위 소래기에 정안수를 올리고
이 자식을 위해 소원을 빌었습니다
칠성님이요 칠성님이요
우리 아들 잘 키워주세요
그래서 지금 나는 병없이 사는 건데
그 은공을 모르고
칠성님도 모르고
되는대로 살면서
되는대로 떠듭니다

산골풍경 · 707

시곗바늘 속으로 걸어 들어가 보면
앞으로 가는 길과 뒤로 가는 길이 있습니다
뒤로 가는 길을 따라가 역주행해 봅니다
내 젊은 시절이 지나갑니다
어릴 적 시절도 지나갑니다
어머니의 일생이 지나갑니다
아버지의 일생도 지나갑니다
또 다시 더 역주행하면
할아버지의 일생
할머니의 일생이 여기 있습니다
우여곡절 역사도 함께 있습니다
아득한 세월 길 뒤에서
무슨 눈물인지 나도 모를
눈물을 훔치고 있습니다
시곗바늘 속 길 모퉁이에서

경북 봉화

산골풍경 · 708

천지 신명이 인간을 만들어 놓고
똑 같은 권리와
똑 같은 행복과
똑 같은 자유를 주었는데
누구는 굶어서 죽고
누구는 배 터져 죽고
누구는 걸어다니고
누구는 비행기 타고 다니고
누구는 지옥에서 살고
누구는 천국에서 사네요
이것은 무슨 법인지 모르겠습니다
이런 법을 누가 만들었는지도 모릅니다
그러나 이 법은
천지 신명도 못 고치는 법입니다

산골풍경 · 709

수천 년 실패 끝에
10리가 넘는 다리를 놓고
100층이 넘는 집을 지었다고
자랑하는 인간을 보며
곤충들이 하하 웃고
새들이 깔깔 거린다
수만 년 전부터
수백 층 집을 짓고 사는 개미들이
수천 칸 방을 만들어 사는 벌들이
가지 끝에 집을 짓고 사는 새들이
인간들이 오만하다며
웃음보따리를 풀어 놓는다

산골풍경 · 710

독신으로 사는 거는 이런 거야
저 하늘을 보아
비도 오고 바람 불고
해도 뜨고 달도 뜨지

결혼해서 사는 것은 이런 거야
저 하늘을 보아
비도 오고 바람 불고
해도 뜨고 달도 뜨지

인생은 이런 거야
저 하늘을 보아
비도 오고 바람 불고
해도 뜨고 달도 뜨지

안면도 꽂지해변 할미 바위와 할아비 바위

산골풍경 · 711

그대의 촉촉한 목소리가
얼어 붙은 내 마음을 가만히 녹인다

나보다 먼저 들었는가

스치는 바람도 촉촉이 젖어 있고
파란 하늘도 촉촉이 젖어 있다

산골풍경 · 712

눈물 강은 아래로 흘러
바다로 가는데
사연 강은 위로 흘러
하늘로 가네요
바다로 간 눈물은
흔적을 지우는데
하늘로 간 사연은
별로 총총 돋아요

산골풍경 · 713

이 산골 겨울은요
꿈이 가득 넘치고요

이 산골 봄은요
노래가 가득 넘치고요

이 산골 가을은요
열매가 가득 넘칩니다

만복이 넘치는 이 산골에
우째 나 혼자만 사는 건지요

산골풍경 · 714

북극성 생일을 강의하던 천문학자
자신의 생일을 물었더니 전혀 모른다
세상에 자신의 생일을 아는 이도 있을까
아버지 몸에서 떨어져 나온
맨처음 나를 낳은 날이 생일 날인데
그 날을 아는 이도 있을까
어머니가 받아서 몸속에서 키우시다
몸 밖으로 나온 날을 생일로 만든
제2의 생일만을 기억하는 인간들
자신의 생일도 모르는 저 천문학자
북극성 생일을 중얼거리네

산골풍경 · 715

세상을 송두리째 빨아들이던
추억 속에 또렸한 까만 눈동자
지금도 세상을 빨아들이고 있네요
꽃을 보았더니 꽃이 또르르 말려
그 눈동자 속으로 빨려 들어가고
바위를 보았더니 바위도 또르르 말려
그 눈동자 속으로 빨려 들어가고
나를 보았더니 나 자신도 또르르 말려
그 눈동자 속으로 들어가 버리네요

경북 봉화 승부마을 가는 길

산골풍경 · 716

산 할아버지 좀 보셔요
서리 서리 사려가며
오솔길을 걸어 와
쭉쭉 펴더니
바위 위에 세워 놓고
안테나를 만드네요
그 안테나에 걸려오는
바람 동네 소식들
그리움 동네 소식들
미움 동네 소식들
안개 동네 소식들
무어라 말을 할까
언어로는 표현할 수 없는
제삼 세계 천연색 소식들

산골풍경 · 717

산골에도 강사가 많습니다
오늘은 돌부처의 강의 시간입니다
세상이 삐뚜루 보이는 것은
그대 눈동자가 삐뚜루 놓여 있기 때문이고
세상이 꽃으로 보이는 것은
그대 눈동자가 꽃으로 수놓아져 있기 때문이래요
아—
참말로 그러내요
돌멩이를 삐뚜루 보니 위험해 보이고
꽃으로 보니 무늬마다 기막힌 꽃이네요
막대기를 삐뚜루 보니 위험해 보이고
꽃으로 보니 나이테가 기막힌 꽃이네요

산골풍경 · 718

눈 서리 뽀얀 들에
허수아비 강의를 들으러 왔습니다
살아가는 인생길에
이유를 앞세우면 길이 막히고
긍정을 앞세우면 길이 뚫린데요
순응은 꽃이 되지만
반발은 화가 된다네요
오늘 강의는 여기에서 끝이래요
내일 또 오겠습니다

산골풍경 · 719

호외까지 대서 특필
오늘 아침 저승 신문
염라대왕이
암에 걸려 수술 받는 날이래요
그런데 글쎄
우리 마을 뒷산골
산 할아버지가 수술을 해 주는 거래요
아—
이럴수가
저승에서 못 고치는 암
이승에 와서 고치다니요

제 3 부

시작詩作 메모

이렇게 찾아낸
무형체의 산골
그곳에는 그곳대로
숲이 있고
강이 있고
꽃이 있고
빛이 있고
역사가 있고
사연이 있다
여기가 내 눈에 보이는
나만의 신천지이다

주왕산

산골풍경 · 720

구름 위에 집을 지었습니다
바로 누워 보니
별이 총총
하늘이 흘러가고요
엎드려 보니
사람이 총총
땅이 흘러가는
날아가는 집 한 채
구름 위에 우리 집

산골풍경 · 721

폐암에 걸렸다면서
바람이 울고 있습니다
매연 때문에
먼지 때문에
가스 때문에
농약 때문에
공기도 울고 있어요
간암에 걸렸다고요
햇빛도 울고 있네요
췌장암에 걸렸다고요
이런 일을 저질러 놓은
우린 어쩜 좋아요

산골풍경 · 722

내 마음의 황무지에 심어 놓고 가신
아버님의 말씀이 싹이 틀었습니다
이 말씀 고이 키워
내 마음의 황무지를
아버님의 말씀으로 푸르게 뒤덮히도록
가꾸며 살겠습니다

내장산 백양사

산골풍경 · 723

천하를 다 비춰는 햇빛이지만
쥐 구멍 속은 못 들어가고요

천하를 다 휩쓰는 공기지만
진공포장 속에는 못 들어가고요

천하를 다 바꾸는 세월이지만
내 마음은 바꾸지 못하네요

이렇듯
가능도 있고 불가능도 있네요

산골풍경 · 724

인연의 악극단이 있습니다
그리움이란 회원
아픔이란 회원
눈물이란 회원
웃음이란 회원
행복이란 회원
불행이란 회원
미움이란 회원
이들이 연주하는 악극을 보고 나면
나도 모르게 갖가지 감정에 홀려
그냥 온몸이 둥둥 떠다닙니다

산골풍경 · 725

산들 바람 부는 달밤
떠드는 소리 따라
공동 묘지엘 나갔더니
영혼들이 모여 앉아
노래를 부릅니다

어서 어서 오세요
나를 반기며
노래 한 곡 부르라며
박수 치기에
시 한 수를 읊었더니
재청 재청 박수 친다
시낭송 재청은 여기서 처음
또 한 수 읊으니 와 와 야단이다

산골풍경 · 726

약속은 희망이지만
기다림은 꿈이고요
만남은 천국이지만
이별은 아픔입니다

산골풍경 · 727

아버님이 파 놓으신
우물물을
오늘도 두레박으로 길어 올립니다
아버님께 배웠을까요
넘치는 물방울들이
아버님의 글 읽는 소리를 내며 떨어지고
찰랑이는 물 무늬가
아버님의 얼굴을 그립니다

모래재 완주-진안

산골풍경 · 728

산골에 피는 밤안개는
신선들의 저녁 연기

산골풍경 · 729

산사에서 넘어온 종소리가
또 한 고개 넘어가다 숨이 가빠서
소나무 위에 앉아 쉬고 있는데
바람이 달려와 손을 잡고서
당겨주고 밀어주고 서로 도와서
또 한 고개 넘어가는 저 종소리
그 세계의 어울림이 아름답습니다

산골풍경 · 730

봄이 오면 돌부처도
마음이 들뜨는가

고운님 올 것 같아
마중 간다며
분 바르고
입술 그리며
콧노래를 부르네요

대둔산

산골풍경 · 731

사연의 바다 위에
추억의 섬에는
그리움이 피고 지는
꽃나무가 있습니다

계절 없이 피고 지는
그리움의 꽃
송이송이 잎새마다
내 사연이 녹아 있다

산골풍경 · 732

오늘 아침
저승 신문입니다

저승사자 9만 년 중형

사람을 잡으러 왔다가
뇌물을 받고
죽을 사람은 살려주고
살 사람은 죽였다네요

교통 사고도 그래서 일어나고
종교 전쟁도 그래서 일어나고
세계 대전도 그래서 일어난 거래요
그래서 감옥살이 9만 년이 내려진 거래요

산골풍경 · 733

봄도 아닌데
갖가지 꽃들이 흐드러지게 피었습니다
아픔의 가지 끝에는
웃음꽃이 피었어요
행복의 가지 끝에는
눈물꽃이 피었고요
그리움의 가지 끝에는
사랑꽃이 피었고요
미움의 가지 끝에는
용서의 꽃이 피었고요
세월의 가지 끝에는
저승꽃이 피었습니다

산골풍경 · 734

산 능선 가득
하얗게 핀 억새꽃밭 위에서
소풍 온 영혼들이
뛰어 놀고 있습니다

산골풍경 · 735

뒷동네 부잣집은
산사태를 만나
주인도 죽고 일꾼도 죽었습니다
그들이 보고 싶어
저승엘 갔습니다
저승에도 집이 있고 농토가 있고
주인도 있고 일꾼도 있네요
살아서 쌓은 공덕이 어떠했기에
여기 와선
일꾼이 주인이 되고
주인이 일꾼이 되어있네요
주인에게 혼쭐이 나며
땅을 파고 있는 저 일꾼

덕유산

산골풍경 · 736

고요 고개에 오면
고요해지는 고요 고개

속상하면 여기로 오세요
화가 나도 여기로 오세요

인제 그랬냐는 듯
고요해집니다

그런 고요 고개가
이 산골에 있습니다

산골풍경 · 737

우째서
겨울
봄
여름
가을로
빙빙 돌아가나 했어요
저 산 봉우리에 있는 선풍기 4대
누군가가 선풍기를 돌리고 있어요
겨울 선풍기
봄 선풍기
여름 선풍기
가을 선풍기
이래서 4계절이 빙빙 도는 거네요

산골풍경 · 738

하얀 것은
하늘의 고향
까만 것은
땅의 고향
내 마음 속에는
하늘 땅이 반반이네
어제는 내 마음에 천사가 와 살더니
오늘은 내 마음에 악마가 와 산다
이것도 정답
저것도 정답
영원한 정답은 없어라

산골풍 · 739

어제 저녁에 뜯어 둔
저녁 노을 피는 꽃잎으로
오늘 아침 이슬을 따와
쌈 싸 먹는 아침입니다

임실 옥정호

제 4 부

시작詩作 메모

이렇게 찾아 낸
신천지를
기승전결로 완성시키는
능력까지 갖추었다면 얼마나 좋으련만
그런 능력이 없어
타는 갈증으로 몸부림치는 스스로가 가엾다
그러나 명작이 반가운 게 아니라
최선이 내게는 기쁨이고 반가움이라
최선을 다해 바친만큼의
나의 하늘에 웃음꽃이 핀다

산골풍경 · 740

그리움의 둘레길을 걷습니다
눈물 강이 보입니다
가시밭도 보이고
사막도 보이고
빙하도 보이고
동굴도 보이고
절벽도 보이고
낭떠러지도 보입니다
나의 그리움은
이렇습니다

산골풍경 · 741

간밤에 비가 내린
오솔길을 걷습니다
친구들이 벌써
이렇게 다녀 갔네요
산토끼 발자국
고라니 발자국
산돼지 발자국
까치 발자국 들
우리는 동반자
산속 식구들

산골풍경 · 742

내가 두 살 적
중병에 걸려
아버지 등에 업혀
의원을 찾아가다
바이제* 위에서
완전히 죽어서
돌아와 새옷 입혀
거적에 쌀 때에
다시 숨을 내쉬게 해준 염라대왕님
그때부터 내 삶은
덤입니다

*바이제_ 고향마을 무라이에서 대승사로 넘어가는 고갯길

산골풍경 · 743

인간들이 오기 힘든
깊은 산골에

밤안개로 접었는가
뽀얀 함박꽃

하늘의 고요를 품고
소리없이 웃고 있다

한계령

산골풍경 · 744

아가의 웃음은 날아가
산새가 되어 조잘거리고

어머니의 인생은 날아가
초승달로 떠 가물거리고

아버지의 영혼은 날아가
태양으로 떠 활활 탄다

산골풍경 · 745

가다가 가다가
걸림돌이 있거든
걸려서 넘어지지 말고
밟고 일어서는
디딤돌로 만드세요

가다가 가다가
가시나무가 있거든
뽑으려 애쓰지 말고
꽃을 접어 매달아
꽃나무로 만드세요

가다가 가다가
눈물 강이 있거든
눈물에 젖어들어 울지를 말고
연꽃을 심어서
꽃강으로 만드세요

산골풍경 · 746

내가 흘린 눈물을 한데 모을 수 있다면
이 산골 가득 가득 찰랑일 거예요

스쳐간 사연을 한데 모을 수 있다면
수만 권의 책이 돼도 적을 거예요

겪어온 아픔을 한데 모을 수 있다번
하늘이 쩡쩡 갈라지고도 남을 거예요

나제 통문_ 무주 설천면

산골풍경 · 747

비밀 하나 말씀드릴게요
까만까만 밤이라야
선명하게 보이는 얼굴이 있습니다

그 얼굴이 누구냐고요
알려드릴게요
당신도 까만 밤에 먼 하늘을 보세요

선명하게 보이는
얼굴 하나 있지요
그것이 비밀의 정답입니다

산골풍경 · 748

우렁우렁 파도치는 징소리 같이
부엉부엉 새울음이 밤을 흔든다

고요하던 그리움이 날아올라
별로 총총 돋는 밤

야생화의 꿈들이 날아올라
반달이 된다

마음의 도화지를 펴 놓고
그 풍경을 따 담는 나

산골풍경 · 749

무슨 사연이기에
밤비를 맞으며 숲 속을 거니는
저 영혼 하나
가다가
멈추다가
쳐다보다가
내려보다가
조용 조용
사라지는 저 영혼
떨어지는 빗방울은
그의 눈물인가
방울 방울이 따뜻하다

산골풍경 · 750

산지기 외딴집
숫총각의 순결
첫 아침 이슬이
저리 맑을까

산골풍경 · 751

두 사람이 서로
식도락은 이런 거라고
우겨댄다

혀가 좋아 하는 가공된
조미료가 있는 음식
아니야
몸이 좋아 하는 가공 안 된
조미료가 없는 음식

혀를 위해 사는 사람과
몸을 위해 사는 사람
여기에서도 정답은 없어라

하늘재 문경 관음리

산골풍경 · 752

천국을 찾아 헤매이다가
천국이 없어서 돌아와 보니
천국이 여기 있었네
내 작은 오두막집
나는 지금껏 천국에 살면서
여기가 천국인 줄 모르고
엉뚱한 곳에 가서
천국을 찾고 있었네

산골풍경 · 753

'목숨보다 더 귀한 사랑이건만'
이 노랫말이 참말이네요
저 숲속을 보셔요
사랑을 이룬 숫사마귀가
온몸을 던져주고
암컷이 숫컷을
머리부터 먹어치우네요
이런 것이 사랑인데
사랑을 모르는 인간들만
사랑 사랑 타령을 하고 있어요

산골풍경 · 754

뒷산 고사목에는
그리움이 살고 있는 집이 있습니다
밤에는 일 나가고
낮에 잠을 자는 그리움
살며시 다가가 잠자는 모습을 봅니다
옷을 벗은 모습이 보이네요
그리움의 알몸은
갖가지 언어들이네요

산골풍경 · 755

낮에는 참새들이
포르르 포르르 날아와
창 밑에서 조잘거리고
밤에는 별들이
포르르 포르르 날아와
창가에서 조잘거린다
이래서 밤낮없이 정겨운 산골
서울 사람은 모르리
부산 사람도 모르리

불두화

산골풍경 · 756

뒷집 아줌마의 넋두리
가출한 남편을 기다려온 지
올해로 44년
오늘은 오시려나 넋두리하며
먼저 뜬 밥 사진 앞에 차려 놓고는
집 나간 남편은 저곳에 산다면서
건너편 무덤을 가리키며
여보오 어이그리 무심하오
편지 한 장 안 할려면
꿈에라도 한번 다녀가시지
그러고는 밥을 먹는 뒷집 아줌마

산골풍경 · 757

오늘 아침 저승 신문
염라대왕 판결입니다
짐승들의 영혼은
구름으로 살라 하고
산새들의 영혼은
야생화로 살라 하고
인간들의 영혼은
잡 귀신으로 살라 했네요
아이고 무서라
나도 죽으면 잡귀신이 되는 걸
살아서 못된 짓을 해온 걸 보면
잡귀신 되는 것도 고마운 일이제

산골풍경 · 758

초승달 가슴은
하늘의 놀이터
바람이 날아와 놀다가 가고
영혼이 날아와 놀다가 가고
구름이 날아와 놀다가 가고
별들이 날아와 놀다가 간다
나도 날아가 놀다오고 싶지만
인간들만 형벌을 받았는가
날아가려 애를 써도
날지 못 한다

산골풍경 · 759

밤안개 피는 밤
귀신들이 안개 위에서 춤을 춥니다
저 춤 좀 보셔요
팔이 뚝뚝 떨어져나가
허공에서 빙빙 돌다가 다시 와서 붙고
다리가 쭈욱 늘어나
몸뚱이가 하늘에 가닿기도 하네요
내 눈도 빙빙 돌더니
이젠 내 몸뚱이가 뚝뚝 떨어져 나가 춤을 추네요

산골풍경 · 760

소쩍새 울음 소리가
밤 바람을 타고 파도 치는 밤
먼먼 그리움이
파도를 타고 밀려와
저 하늘에 소복소복
별로 총총 박히는 밤
마음의 문구멍에는
세상이 들락 날락인다

수국